D1626721

Écrit par Marie Farré
Illustré par Jean-Pierre Moreau

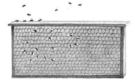

Conseil pédagogique :
Équipe du bureau de l'association Générale
des Instituteurs et Institutrices des Écoles
et Classes Maternelles Publiques.

Conseil éditorial :
Rémi Chauvin, professeur émérite
en sociologie animale à la Sorbonne

I.S.B.N. 2 245 02362-5
© Éditions Gallimard 1985
1er dépôt légal: Octobre 1985
Dépôt légal: Juin 1991. Numéro d'édition: 8219
Imprimé à la Editoriale Libraria en Italie.

LE LIVRE DE PARIS-GALLIMARD

Abeilles, fourmis, termites:
des insectes en famille

DECOUVERTE BENJAMIN

As-tu déjà observé
une abeille, tandis
qu'elle butine
de fleur en fleur ?

Une abeille
en train de butiner

Tu as peut-être donné du sucre en
poudre à des fourmis : c'est leur régal !
Mais as-tu vu
des termites ?

Non, sans doute.
Ils se cachent
dans les vieux bois.

Des fourmis

Des insectes en famille

Ces insectes : abeilles, fourmis, termites ne
peuvent pas vivre tout seuls ; ils ne vivent
qu'en groupe. Comment les habitants
d'un groupe se reconnaissent-ils ? Ils ont
la même odeur ! Ils sont très organisés,
comme les hommes. Ils ont leur reine, des
ouvrières et des soldats.

Un termite
et sa termitière

Grâce à de petites ventouses sous ses pattes, l'abeille peut marcher au plafond.

Les abeilles sauvages vivent dans le creux d'un arbre. Les abeilles domestiques qui sont élevées par l'homme, vivent dans une petite maison de bois : la ruche.

La ruche a 50 000 habitants, autant qu'une ville

Presque toutes les abeilles sont des femelles. Au cours de leur vie, elles sont tour à tour nourrices, maçonnes, ménagères, butineuses, soldats. Leur corps est adapté à leur travail. Il fabrique la cire quand elles sont maçonnes, la gelée royale quand elles sont nourrices – et quand elles butinent, il leur sert de réserve ! Il y a très peu de mâles. Ils ne piquent pas, ne travaillent pas. Ce sont les ouvrières qui les nourrissent.

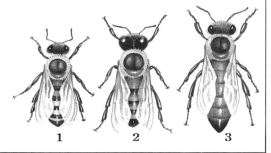

1. ouvrière
2. mâle ou faux-bourdon
3. reine

Les alvéoles que
construisent les abeilles
sont d'une régularité merveilleuse.

Dans la ruche,
les abeilles bâtissent des
alvéoles de cire.
D'où vient cette cire ?
Elle coule sous le ventre
de la petite maçonne.
L'abeille la pétrit en
boule puis la met en
place. Pour faire une
boule, elle doit manger
beaucoup de miel ! La
ruche est propre : les
ménagères jettent les
saletés dehors. Quand il
fait chaud, les ouvrières
battent des ailes.

L'apiculteur récolte
le miel dans la partie
haute de la ruche.

Un rayon tout garni
d'alvéoles.

Rucher traditionnel en montagne.

En Ardèche, ruches creusées dans un tronc de châtaignier, avec un toit de pierre

Dans le Gâtinais, des chapeaux de paille protègent les ruches.

Ruches à plusieurs étages, dans la forêt Noire

La reine est la mère de toutes les abeilles

Entourée de ses ouvrières, elle pond des milliers d'œufs nuit et jour. Où les dépose-t-elle ? Dans des petites chambres de cire : les alvéoles. Les larves sortent de l'œuf trois jours plus tard. Les nourrices leur donnent du pollen et du miel : c'est la nourriture de toutes les abeilles.

Ce dessin te montre comment l'œuf devient une larve qui se transforme en abeille.

Les futures reines ont un régime spécial

Elles mangent de la gelée royale, une bouillie que fabriquent les nourrices. La reine vit cinq ans, l'ouvrière un mois seulement.

Cette abeille toute duveteuse vient de sortir de son alvéole !

L'abeille bourdonnante butine les fleurs

Se nourrit-elle ? Non, elle recueille du pollen, la fine poussière des fleurs, et leur liquide sucré, le nectar.

L'abeille aspire le nectar avec sa langue poilue.

L'abeille aspire aussi de l'eau pour rafraîchir la ruche. Elle met le nectar dans son garde-manger personnel, son jabot : c'est une sorte d'estomac. Puis elle rapporte à la ruche le pollen pour nourrir les larves, et le nectar pour fabriquer le miel.

Elle accroche les boules de pollen à ses pattes arrière.

L'abeille butine les fleurs bleues, blanches, jaunes et violettes parce qu'elle les voit bien. Voici comment elle voit les couleurs des fleurs de la page de gauche.

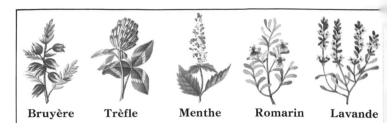

Bruyère Trèfle Menthe Romarin Lavande

L'abeille butineuse fait une dizaine de voyages par jour !

Pour retrouver sa ruche, elle s'oriente suivant la position du soleil. A son retour, elle indique aux autres d'où elle vient. Comment ? En dansant sur un rayon. Elle danse en rond ? Les fleurs sont à moins de 100 m. Elle décrit des huit ? Les fleurs sont bien plus loin...
La danse des abeilles est comme un langage. Quand l'abeille revient à la ruche, elle dépose ses boules de pollen et le nectar dans les alvéoles, puis elle repart.

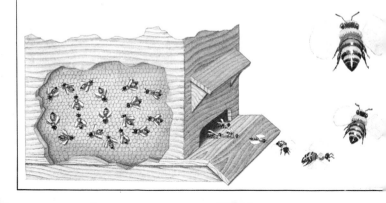

Tilleul   Acacia   Châtaignier   Sapin   Thym

Comment l'abeille ouvrière fait-elle pour fabriquer le miel ?

Elle bat des ailes au-dessus du nectar :
l'eau qu'il contient s'évapore, le nectar
devient une pâte. Alors, elle le rumine
dans son jabot puis le rejette dans une
alvéole. Elle bouche bien l'alvéole
avec de la cire. Bientôt le miel sera prêt !

Mais selon le parfum
des fleurs que l'abeille
a butinées,
le goût du miel
sera très différent.

**L'ouvrière décharge le pollen
dans les alvéoles et le
tasse avec la tête.**

Comment l'apiculteur récolte-t-il le miel ?

Il soulève le toit de la ruche et prend les cadres remplis de miel. En une saison, il peut récolter 35 gros pots. Mais il laisse toujours aux abeilles des provisions pour l'hiver.

Que font les abeilles durant le froid ?

Serrées en grappe dans la ruche, elles hibernent tout engourdies. La reine ne pond plus, les ouvrières ne butinent plus. Elles mangent du miel. Si elles en manquent, l'apiculteur leur donne du sirop de sucre.

Pour engourdir les abeilles, l'apiculteur enfume la ruche avant de l'ouvrir et de retirer les cadres.

Il gratte les cadres pour enlever les bouchons de cire, puis il fait tourner les cadres très vite : le miel s'écoule dans le seau.

L'apiculteur élève les abeilles pour récolter le miel. S'il met la reine sur son menton, les abeilles se posent tout autour, comme une barbe.

Les abeilles se multiplient. Que font-elles quand la ruche est trop peuplée ?

Un essaim sauvage

Elles essaiment : la moitié s'envole derrière la vieille reine, et s'accroche à une branche. Quelle chance pour l'apiculteur ! Il mettra l'essaim dans une nouvelle ruche. **Dans l'ancienne ruche, une jeune reine se réveille.** Elle tue les autres reines en les piquant et s'envole. Elle est fécondée par les faux-bourdons, puis retourne pondre à la ruche…

L'apiculteur aide les abeilles à entrer dans la ruche.

Les ennemis de l'abeille :

araignée   frelon   pou   sphinx tête-de-mort

<u>Le miel attire bien des gourmands</u>

Mais les gardiennes veillent, ailes
écartées. Attention à leur dard ! Il est prêt
à piquer tous ceux qui veulent entrer :
guêpes, frelons, abeilles d'autres ruches,
même l'ours et le blaireau venus fourrer
leur museau !

<u>Et si une souris arrive à se faufiler ?</u>

Elle meurt vite, piquée de toutes parts.
Son corps est trop lourd pour être
repoussé. Il va bientôt sentir mauvais.
Que faire ? Les abeilles la recouvrent
de propolis, une pâte rougeâtre :
le corps de la souris va se dessécher
sans pourrir !

Les ouvrières fabriquent
la propolis avec la
résine des bourgeons.

Les fourmis ailées sont de jeunes reines.

Elles courent, courent, les fourmis...
Comme les abeilles, elles ont une reine,
des ouvrières, des soldats. Mais leur vie
est plus longue que celle des abeilles :
l'ouvrière vit deux ans, la reine vingt ans.

La jeune reine ailée cherche seule un trou,
brise ses ailes avant d'y entrer et se met
à pondre. En quelques semaines, des
larves naissent, deviennent fourmis qui
agrandissent la fourmilière avec des
brindilles, de la mousse, de la salive.
Elles creusent des galeries, bâtissent des
chambres pour les œufs, pour les larves,
pour les cocons.
Il y a même des portes qu'elles referment
la nuit !

1   2   3

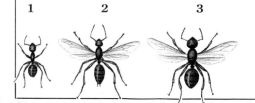

1. ouvrière
2. mâle
3. reine

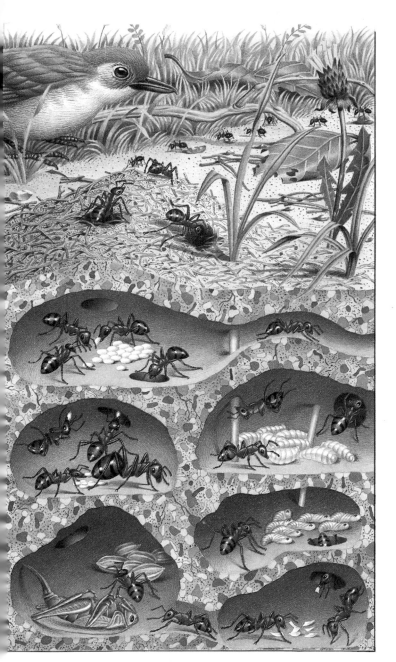

Si tu vois un petit tas de brindilles dans la forêt, ne marche pas dessus : c'est peut-être le toit d'une fourmilière !

Une sauterelle dévorée par des fourmis

Que mange la fourmi ? Des graines, des feuilles, des insectes et des fruits.
Elle se régale du jus sucré que sécrètent les pucerons !

Que faire quand elle trouve une sauterelle trop grosse pour elle ?
Avertir les autres. Elle laisse sur son passage des gouttes parfumées, comme des signes de piste. Cela veut dire : Venez m'aider ! Les fourmis ont un langage d'odeurs : Danger ! Nourrissez la reine ! Enlevez la fourmi morte !...

Tu vois les fourmis suivre l'odeur de leurs compagnes sur cette feuille. Tourne la feuille, les fourmis tourneront aussi !

Ces fourmis à miel font des réserves de jus sucré dans leur abdomen qui devient énorme ! Tu ne connais peut-être que les petites fourmis rousses. Il existe 6 000 autres espèces de fourmis !

Ce sont les larves des fourmis tisserandes qui produisent les fils de soie.

Les fourmis tisserandes d'Asie sont couturières. Elles font leur nid en pliant des feuilles qu'elles cousent avec des fils de soie. Les terribles fourmis légionnaires partent à l'attaque en colonnes. Elles dévorent tout sur leur passage, comme le gros serpent sur l'image.

En Amérique du Sud les fourmis à parasol découpent des feuilles sur lesquelles elles feront pousser des champignons.

Un ouvrier nourrit un soldat.

Qui est blanc, aveugle et mange du bois ?

Le termite. Il ne sort jamais de sa termitière. L'air le dessèche et peut le tuer. Dans les pays chauds, les termites construisent des termitières parfois plus grandes qu'un homme, avec de la terre et de la salive.

A l'intérieur, des milliers de tunnels conduisent vers de vastes chambres à provisions : brindilles, feuilles, vieux bois…

Au centre, se trouve la chambre royale. C'est là que pond l'énorme reine à côté du petit roi.

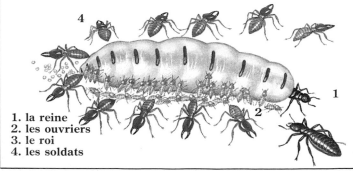

1. la reine
2. les ouvriers
3. le roi
4. les soldats

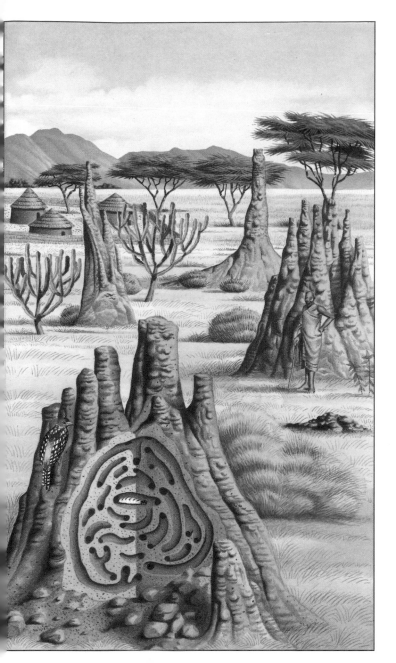

Les termites habitent aussi l'Europe

Ils y font de terribles dégâts. Regarde ce qu'ils ont fait de cette maison ! Chez nous, les termites vivent dans les arbres ou dans les poutres des maisons. Ils croquent le bois et y creusent de nombreuses galeries pour faire leurs termitières. Même le béton ne les arrête pas : ils tournent autour !

La tête du termite ouvrier qui ronge ainsi le bois !

Sais-tu que les termites ont un code pour parler, comme le morse ?

En cas de danger, ils tapent deux ou trois coups contre le bois. Aussitôt, leurs compagnons s'enfuient au fond du nid.

Les termites dévorent aussi des livres... Il n'en reste alors que la couverture !

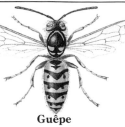
Guêpe

Abeille

Bourdon

Frelon

Vrai ou faux ?

La guêpe est plus grosse que l'abeille. **Faux.**

Si tu es piqué par une abeille, tu dois te gratter. **Faux.** Tu enfoncerais le dard. Il faut l'enlever avec une pince très propre et mettre du vinaigre.

L'abeille vole à 25 km à l'heure. **Vrai.**

La fourmi est l'ennemie du termite. **Vrai.**

Les fourmis ne servent à rien. **Faux.** En retournant la terre, elles la font respirer.

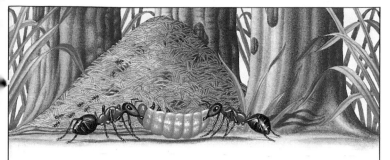

Une grande fourmilière mange dix mille insectes par jour.
Vrai.

Les fourmis piquent.
Vrai et **faux.** Certaines espèces seulement piquent, mais parfois terriblement, comme la fourmi de feu d'Amérique.

Les soldats termites jettent un poison sur leurs ennemis.
Vrai. C'est un liquide qui sort du front.

Le soldat termite défend
sa termitière contre
les fourmis.

L'abeille va, vient, fouille, quête,
Travaille comme un moissonneur,
Et par moments lève sa tête
Et dit au nuage : flâneur !

Victor Hugo
Chansons des rues et des bois

Une fourmi de dix-huit mètres
Avec un chapeau sur la tête
Ça n'existe pas, ça n'existe pas.
Une fourmi traînant un char
Plein de pingouins et de canards,
Ça n'existe pas, ça n'existe pas.
Une fourmi parlant français,
Parlant latin et javanais,
Ça n'existe pas, ça n'existe pas,
Et pourquoi pas ?

Robert Desnos
Chantefables et Chantefleurs
Gründ